LE BALLET

DE LA PAIX,

REPRÉSENTÉ

PAR L'ACADEMIE ROYALE

DE MUSIQUE,

Le Jeudy vingt-neuviéme jour de May 1738.

DE L'IMPRIMERIE
De Jean-Baptiste-Christophe Ballard,
Seul Imprimeur du Roy, & de l'Academie Royale de Musique.

————————————

M. DCC XXXVIII.
AVEC PRIVILEGE DU ROY.
LE PRIX EST DE XXX. SOLS.

Roy

POLYMNIE,
A
MONSEIGNEUR
LE DAUPHIN.

STRE qui commencez un cours fi radieux,
Délices des Humains, rare prefent des Dieux,
Je ne fuis point pour vous une Mufe étrangére.
A vôtre augufte Ayeul j'eus la gloire de plaire;
Son Génie animoit, annobliffoit les Arts,
Mes Jeux le délaffoient des fatigues de Mars.
Tandis que de LOUIS la fageffe profonde
Acheve le bonheur de la France, & du Monde,
Je fonge avec tranfport à ces heureux momens,
Où ce Soleil naiffant ornoit mes Elemens;
S'il femble me quitter, c'eft à Vous qu'il me céde.
Qu'un foin plus important vous fixe, & vous poffede:

A ij

Je n'ufurperay rien fur ce tems précieux,
Où les Mufes mes Sœurs paroiffent à vos yeux.
J'applaudiray de loin à vos progrès rapides,
Effor prématuré dont s'étonnent vos Guides.
Refpectant vos travaux, j'afpire à vos loifirs,
Déja la Raifon regle & choifit vos Plaifirs.
Un S A G E, plus illuftre encor que fes Ancêtres
Dignes appuis du Trône, & de fes premiers Maîtres,
Vous offre la Vertu fous d'aimables couleurs,
Sur vos pas, à mon tour, j'ofe femer des fleurs.
Me reprocheroit-on d'allarmer l'innocence?
Un Spectacle galant & tendre avec décence
Ne peint que cet amour, qui, de l'aveu des Loix,
Eternife le Peuple, & la force des Rois.

ROY.

SUJET DU BALLET.

L'Amour de traits divers affortit fon Carquois ;
Tranquilles Citoyens, les uns fur vous s'étendent,
D'autres fur les Bergers defcendent,
D'autres s'élevent jufqu'aux Rois.

Gens mollis Amorum,
Hi fummos dignantur figere Reges,
Hi plebem feriunt.

Claudian. de nupt Honor.

Si venerem tollas, ruftica filva tua eft.

Ovid. Phæd. Hyppolit.

Ce Ballet tire fon nom de l'occafion pour laquelle
il avoit été deftiné ; on auroit pû l'appeller *Les
Caracteres de l'Amour*, ou *L'Amour Voyageur*,
fi ces deux Titres n'avoient déja été employez.

ACTEURS DU PROLOGUE.

LE CHEF DES MEGARIENS, Mr. Chaffé.
APOLLON,   Mr. Jelyote.
CHOEUR DE MEGARIENS.
ARTS, ET MUSES.

PERSONNAGES DANSANTS.

ARTS ET MUSES;

Meſſieurs Dumay, Dupré, Hamoche, Theſſier.

Mademoiſelle Fremicourt;

Meſdemoiſelles Le Duc, Courcelle, Dallemand-C.,
Thiery.

PROLOGUE.

Le Palais de MINOS à Megare, avoit une Tour dans laquelle Apollon renferma sa Lyre; l'Instrument divin communiqua aux pierres, un charme qui les rendoit sonores.

Regia Turris erat vocalibus addita muris,
Illic auratam fertur Latonia proles
Deposuisse Lyram, saxo sonus ejus adhæsit.

Ovid. Liv. 8. Metam.

SCENE PREMIERE.

LE CHEF DES MEGARIENS, LE CHOEUR.

LE CHEF.

Digne ornement de cet Empire,
Des faveurs d'Apollon monument précieux,
Tour célébre, où jadis il deposa sa Lyre,
Vôtre sein enfantoit des sons harmonieux,
Ils appelloient les Ris, les Amours, & les Jeux.

Quel changement ! helas ! vous gardez le silence :
  Pourquoy ce charme a-t'il cessé ?
Beaux jours, qui de l'Amour releviez la puissance,
  Avec vous son regne est passé.

LE CHEF, ET LE CHOEUR.

  L'implacable Dieu de la guerre
  Ne fait plus retentir la terre,
  Que de cris, de trouble & de pleurs :
  Apollon & le Dieu des cœurs
  Sont effrayez de son tonnerre.

LE CHEF.

Un Monarque occupé du bonheur des Humains,
  Le preferoit aux lauriers de Bellone :
Mais ils ont allumé la foudre dans ses mains,
La Victoire le vange, & le Ciel le couronne.
  Le Théâtre s'éclaire.
Quel éclat dans les Cieux commence à se répandre ?..
  Quels sons naissans se font entendre ?...
Ils s'unissent entr'eux,... ils forment des accords...
Chaque moment les rend plus touchants ou plus forts,...
  Apollon, venez-vous nous rendre
Ce charme qui jadis excitoit nos transports ?

SCENE II.

SCENE II.

LE CHEF DES MEGARIENS, APOLLON,
LES MUSES, LES ARTS.

APOLLON.

Aux maux de l'Univers, le Vainqueur est sensible.

CHOEUR.

Disparoissez tristes jours,
Siecle heureux, siecle paisible,
Recommencez vôtre cours.

APOLLON.

Peuple si cher à ma tendresse,
La Paix me rend à vous par de suprêmes loix.
Minos le dernier de vos Rois
Attira dans ces lieux ma Lyre enchanteresse ;
Mes accords célébroient sans cesse
Ou ses nobles Plaisirs, ou ses brillants Exploits.
Minos renait ; c'est lui que je revois :
Sous de plus jeunes traits, c'est là même sagesse
Qui vous gouvernoit autrefois.
Que pour lui plaire tout s'empresse :
Rochers, animez vous, ce Jour vous rend la voix.

B

LE CHEF.

Enfans de la Paix,
Jeux qu'elle inspire,
Pour vôtre empire
Tous les cœurs sont faits.

Que l'Objet le plus severe
Sensible à nos sons
Paye au Dieu de Cythere
Ses tendres leçons.

Charmant Amour, lance tes traits
Les plaisirs vont renaître :
Aimable Maître,
Fais toi des Sujets
A force de bienfaits.

L'ame la plus fiere
Qui craint de s'enflâmer,
N'aura qu'un pas à faire
Du desir de plaire,
Au plaisir d'aimer.

APOLLON.

Que les Fêtes les plus aimables
Annoblissent nos doux loisirs :
Que le Goust renaissant épure les plaisirs,
Que la diversité les rende inépuisables.

Avec l'Amour déformais
Je prétens accorder ma Lyre ;
Il embellit tous les Arts que j'inspire :
J'augmente son pouvoir quand je chante ses traits.
Regne, Amour, triomphe à jamais
Des Bergers, des Heros, de tout ce qui respire.

CHOEUR.

Volez Amour, volez, qu'à nos vœux tout conspire;
Dans le Palais des Rois étendez vôtre empire,
Des bruyantes Citez soulagez les travaux
Embellissez les Bois, & les Hameaux.

FIN DU PROLOGUE.

Acteurs & Actrices Chantants dans les Chœurs du Prologue & du Ballet.

CÔTE' DU ROY.		CÔTE' DE LA REINE.	
Mesdemoiselles.	Messieurs.	Mesdemoiselles.	Messieurs.
Dun.	St. Martin.	Antier-C.	Serre.
	Marcelet.		Louette.
Delorge.	Lefebvre.	Cartou.	Thurier.
	Gratin.		Le Mesle.
Dupleffis.	Bufeau.	Therelette.	Dautrep.
	Deshais.		Groffier.
Benard.	François.	Lavalée.	Perardelle.
	Duchefne.		
Perfon.	Dupleffis.	Deshaigles.	Houbault.
	Bourque		Bornet.
La Fontaine.	Gallard.	Selim.	Duchenet.
Varquin.	Fel.	Lalonde.	Lorette.

PREMIERE ENTRÉE.

PHILLIS ET DEMOPHON.

SUJET.

PHILLIS regnoit dans la Thrace, lorfqu'un Inconnu y vint fignaler fon courage. Phillis ne put lui refufer fon eftime & fa tendreffe ; mais fans ofer preferer à des Rois, un Etranger qui n'avoit de titre que le mérite & l'amour. Tandis qu'elle étoit balancée entre la gloire & fa paffion, il fût reconnu fils de Thefée. On fçait que les Heros de l'antiquité n'étoient avouez de leurs Peres qu'après s'être rendûs dignes de leur naiffance. Demophon avoit toujours ignoré la fienne. Cette découverte remettoit Phillis en droit de l'époufer, mais comme il étoit apellé au fecours de Thefée affiegé dans Athenes, elle facrifie fon interêt au devoir. Il ne falloit pas de moindres traits pour caracterifer L'AMOUR HEROIQUE.

OVID. Ep. de Phillis à Demophon. Aulus Sabinus. Hygin. c. 59.

ACTEURS.

PHILLIS, *Reine de Thrace*, Mlle. Antier.

DEMOPHON, *fous le nom*,
*d'*EURYLAS, M^r. Chaffé.

SOSTRATE, *Chef des Atheniens*, M^r. Albert.

Peuples de Thrace.

Atheniens, & Matelots.

PERSONNAGES DANSANTS.

PEUPLES DE THRACE;

Monfieur Javillier-L. ;
Meffieurs Javillier-C., Javillier-3., Savar, Dupré.

Mefdemoifelles Petit, Le Duc, Durocher.

MATELOTS, ET MARINIERES;

Monfieur Malter l'Anglois, Mlle Mariette ;
Meffieurs F-Dumoulin, P-Dumoulin, Dangeville,
Malter-L.

Mefdemoifelles Fremicourt, Dallemand-L.,
Dallemand-C., Le Duc.

PREMIERE ENTRÉE.

PHILLIS, ET DEMOPHON.

Le Théâtre repréfente le Palais de la REINE
DE THRACE, au bord de la Mer.

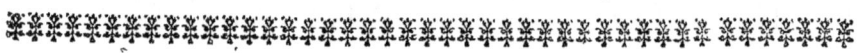

SCENE PREMIERE.

PHILLIS, CHOEUR derriere le Théâtre.

CHOEUR.

Hantons, célébrons le Vainqueur,
Elevons jufqu'aux Cieux fa gloire & fon audace,
Si Mars eft le Dieu de la Thrace,
Eurylas en eft le vangeur.

PHILLIS.

Hommages éclatants, tranfports, chants de victoire,
Dans quel trouble nouveau venez-vous me plonger?
D'un nom qui m'eft trop cher me retracer la gloire,
C'eft mettre la mienne en danger.

Je vois à mes genoux avec indifference,
Des Amants couronnez & des Trônes offerts
Et pour un Inconnu mon cœur est sans défense:
Helas ! il méritoit une illustre naissance,
Et je n'ai que des pleurs à donner à ses fers.

Hommages éclatants, &c.

✱✱✱✱✱✱✱✱✱✱✱✱✱✱✱✱✱✱✱✱✱✱✱✱✱✱✱✱✱✱✱✱✱

SCENE II.

EURYLAS, PHILLIS.

EURYLAS.

REine, tout céde au bonheur de vos armes,
Vos ennemis font défaits ;
J'ay rempli mes devoirs, votre Empire est en paix,
Et je vais loin de vos charmes
Devorer de vains regrets.

PHILLIS.

Eurylas se dérobe à ma reconnoissance,
Aux vœux d'un Peuple entier charmé de ses exploits!

EURYLAS.

Mes succez m'ont eux-même ôté toute esperance.

Objet des vœux de tant de Rois ;
La guerre avoit du moins suspendu vôtre choix ;
Mais il n'est plus d'obstacle à leur perseverance:

On

On vous presse à grand-cris de nommer un Epoux.

PHILLIS.

De tous ces Souverains Jaloux
Aucun n'obtient la préference.

EURYLAS.

Eh ! pourrez-vous toujours leur faire résistance ?
La flotte de Thesée a paru sur ces mers ,
Du plus ambitieux elle appuyera l'audace.

PHILLIS.

Un nouveau péril me menace ,
Vous le voyez , & je vous perds.

EURYLAS.

Ah ! pourquoi m'arrêter encore ?
Quel suplice vous m'imposez !

Quoi ! nourrir sans espoir un feu qui me dévore ,
Retenir des soupirs si long-tems méprisez ,
Redouter des regards que vous me refusez ,
Vous craindre quand je vous adore.

Ah ! pourquoi , &c.

PHILLIS.

Croyez-vous être seul à plaindre ?

EURYLAS.

Avec moins de courroux regardez vous mes feux ?

PHILLIS.

Je vous aime Eurylas il n'est plus tems de feindre.

EURYLAS.

Vous m'aimez !...

PHILLIS.

Nôtre sort n'en est pas plus heureux.

C

Vous ignorez quel sang vous a fait naître.

EURYLAS.

S'il n'est illustre, il le doit être
Dès que pour une Reine il ose s'enflammer.

PHILLIS.

Ce n'est qu'un Roy qu'il m'est permis d'aimer.

EURYLAS.

En voulant les briser, vous resserrez mes chaînes;
Quel mélange nouveau de pitié, de rigueurs!
La même bouche, helas! qui déplore mes peines
En redouble encor les horreurs.

PHILLIS.

Contre le Dieu qui nous blesse
Le Trône devroit être un azile assuré;
Du moins si de mon cœur l'amour s'est emparé
Il y regne sans foiblesse.

En me voyant toujours, songez à m'éviter,
Imitez ma constance, & prêtez-lui des armes,
Trompez vôtre douleur au lieu de l'écouter,
Etouffez de l'Amour l'espoir & les allarmes,
Par un si noble effort soyez digne des larmes
Que vous m'allez couter.

ENSEMBLE.

Tendre Amour, Gloire cruelle,
Ne serez-vous jamais d'accord?
Ah! des soupirs si purs, une flâme si belle
Méritoient un autre sort.

PHILLIS.

On vient .. dissimulons.

EURYLAS.

O contrainte mortelle !

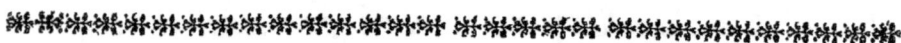

✶✶✶✶✶✶✶✶✶✶✶✶✶✶✶✶✶✶ ✶✶✶✶✶✶✶ ✶✶✶✶✶✶✶✶✶✶

SCENE III.

PHILLIS, EURYLAS, Peuples de Thrace.

CHOEUR.

Chantons, célébrons le Vainqueur,
Elevons jusqu'aux Cieux sa gloire & son audace :
Si Mars est le Dieu de la Thrace
Eurylas en est le vangeur.

EURYLAS.

Le plaisir d'un Peuple heureux
Devient le prix & l'ouvrage
De ses Exploits glorieux :
Le plaisir d'un Peuple heureux
Pour sa Reine est un hommage,
C'est un encens pour ses Dieux.

On entend une Symphonie qui annonce des Matelots.

PHILLIS.

Quels nouveaux sons frappent les Cieux !

EURYLAS.

Les vaisseaux de Thesée approchent du rivage.

CHOEUR, *derriere le Théâtre.*

Au fils de nôtre Maître adressons nôtre hommage
Sous le nom d'Eurylas il triomphe en ces lieux.

EURYLAS.

Qui, moi, fils de Thesée! ô Dieux!

SCENE IV.

SOSTRATE, PHILLIS, EURYLAS, ATHENIENS, MATELOTS.

SOSTRATE.

NE doutez point Seigneur, de la gloire nouvelle
 Où Thesée enfin vous rapelle.
Troublé par un oracle, & cruel malgré lui,
 Il avoit proscrit vôtre enfance ;
Loin de vous redouter vous êtes aujourd'hui
 Son unique esperance :
Mille ennemis nouveaux attaquent sa puissance,
Hâtez-vous, tout ce peuple implore vôtre appuy.

EURYLAS reconnu DEMOPHON,
à PHILLIS.

Du Titre qu'on me rend je sens moins l'avantage,
Que le charme flatteur d'être digne de vous.

PHILLIS.

Le Ciel a de mon cœur confirmé le présage.

EURYLAS.

Mais songez que sur ce rivage
Je laisse mon bonheur, mon espoir le plus doux.

PHILLIS.

Sur nos devoirs l'Amour même m'éclaire;
Vôtre gloire est la mienne, il faut la satisfaire;
Aux yeux du monde entier, qui sont ouverts sur nous,
Il faut que mille Exploits annoncent mon Epoux.

Peuples, que vos Jeux, vos Concerts
Interessent pour vous le Souverain des Mers;
Que les Vents les plus doux sur les Ondes commandent,
Qu'ils domtent les Vents ennemis,
Qu'ils vous fassent voler aux Rivages promis,
Où les triomphes vous attendent.

CHOEUR.
Que les Vents, &c.

PHILLIS, à EURYLAS.

Vous partez : que le fort bien-tôt nous réunisse !

EURYLAS.

Que la Gloire aujourd'huy me vend cher ses faveurs !
Vous me fuyez…

PHILLIS.

Je vous cache mes pleurs.

EURYLAS.

Du moins ils charmeroient l'horreur de mon suplice.

PHILLIS.

Ah ! ne ternissez point par de lâches douleurs
L'eclat d'un si beau sacrifice.

Gemissante, exilée au milieu de ma Cour,
J'attendray que la Victoire
Vous ramene en ce séjour,
Un Heros se rend à l'Amour
Quand il est quitte avec la Gloire.

CHOEUR.

Que les Vents les plus doux sur les Ondes commandent,
Qu'ils domtent les Vents ennemis,
Qu'ils vous fassent voler aux Rivages promis,
Où les triomphes vous attendent.

FIN DE LA PREMIERE ENTRE'E.

DEUXIÉME ENTRÉE.

IPHIS, ET IANTE.

SUJET.

LA Fable d'IPHIS, qui de fille devint garçon est l'envelope d'un Stratagême d'amour. Le jeune IPHIS s'étoit travesti pour s'introduire auprès d'IANTE. Il en avoit surpris l'amitié pour couvrir son amour. Il reprend l'habit de son sexe, & le déguisement qui cesse aux yeux du Spectateur, subsiste aux yeux d'IANTE, à la faveur des Fêtes Hibristiques, où les femmes d'Argos s'habilloient en hommes, & avoient droit de railler leurs maris, en memoire du jour où elles avoient sans eux, fait lever le Siege de leur Ville. *Morery. Let. F. n°.* 610.

L'idée de ce Divertissement se trouve dans trois Comedies d'Aristophane.

Il en reste encor des traces dans quelques-unes de nos Villes, où les Françoises ont imité le courage des Argiennes.

L'Amour plus contraint à LA VILLE, que dans le tumulte de la Cour, ou dans l'innocence de la Campagne, a besoin de plus d'adresse.

ACTEURS.

IPHIS, *Jeune Argien*,   Mr. Tribou.
IANTE, *Jeune Argienne*, Mlle. Pellicier.
BEROE', *Gouvernante d'Iante*, Mlle. Bourbonois.
UNE ARGIENNE,   Mlle. Fel.
Chœur d'Argiens, & d'Argiennes.

PERSONNAGES DANSANTS.

ARGIENNES;

Mesdemoiselles Petit, Durocher, Fremicourt,
Dallemand-C. , Le Duc, Courcelle.

ARGIENS;

Monsieur Dupré;

Messieurs Matignon , Dumay , Dupré , Thessier,
Hamoche.

DEUXIE'ME

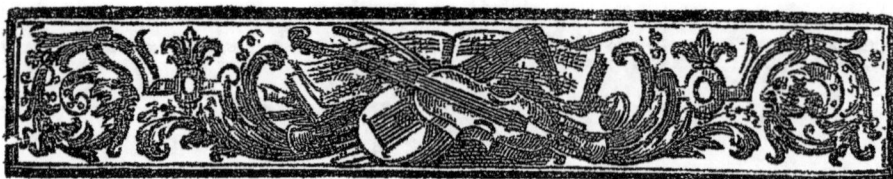

DEUXIÉME ENTRÉE.

IPHIS, ET IANTE.

Le Théâtre repréſente une Place ornée pour les Fêtes Hibriſtiques. On voit au milieu la Statue de l'Hymen, & dans les côtez celles de la Liberté, & de Téléſille honorée ſous le nom de Venus armée.

SCENE PREMIERE.

IPHIS, BEROÉ.

IPHIS.

TU le vois, Beroé, je quitte la parure
Qu'autrefois Achille amoureux
Prit comme moi pour plaire à l'Objet de ſes
vœux.

BEROE'.

Pourquoi quitter ſi-tôt une heureuſe impoſture?
Auprès d'Iante elle vous donne accez:
A ſa fierté l'éclat va faire injure,
Vous allez de mes ſoins perdre tout le ſuccez.

D

IPHIS.
Plus déguifé que je ne fus jamais
Je le fuis, Beroé, fous ma propre figure.
BEROE'.

Je crains...

IPHIS.
Que de ce Jour la fête te rassure.

Nos Belles autrefois pour déliurer Argos,
Ont emprunté l'audace, & l'habit des Heros.
Pour folemnifer leur victoire
Elles reprennent tous les ans
De fi nobles déguifemens.
Ce Jour favorable à leur gloire,
S'il bleffe les Epoux, peut fervir les Amans.

Iante verra ce fpectacle
Où l'allegreffe regne avec la liberté.
BEROE'.
Mais vous pouviez la voir, lui parler fans obftacle.
IPHIS.
Sous un perfonnage emprunté
Je ne me donnois point l'effor que je defire :
Mon air étoit contraint, mon difcours concerté ;
Je foupirois, mais fans être êcouté ;
Iante ne pouvoit penetrer mon martire,
L'amitié difoit tout, l'Amour n'ofoit rien dire,
J'ay trop fouffert de ma timidité :
Sous ma forme ordinaire à préfent je refpire,
Je reprens ma vivacité.

BEROE'.

Puiſſe le tendre Amour vous être favorable !
Mais ſi l'on vous connoît , tout eſt deſeſperé :
Iante eſtime en vous une Compagne aimable ,
Elle fuira bientôt un Amant déclaré.

SCENE II.

IANTE, IPHIS, crû Fille par IANTE.

IANTE.

CHere Iphiſe , eſt-ce vous? que vous êtes charmante
  Dans ce nouvel ajuſtement !
Vous me plaiſez toujours, mais c'eſt en ce moment
  Qu'il ſemble que le charme augmente.

IPHIS.

Sous une forme differente ,
J'avois pour vous le même empreſſement.

IANTE.

Vous êtes de mon cœur la ſeule confidente.

IPHIS.

Souveraine du mien, vous êtes , belle Iante ,
  La ſource de tous mes plaiſirs.

IANTE.

Que nous paſſons d'heureux loiſirs ,
Dans cette tendreſſe innocente !

IPHIS.
Ah ! puisse-t-elle augmenter chaque jour !

IANTE.
Et pour la conserver, renonçons à l'amour.

L'Amour est le tyran des ames,
La tranquille Amitié n'offre que des douceurs;
Sans les troubler elle remplit les cœurs :
On peint l'Amour armé de fléches & de flâmes :
La tranquille Amitié n'offre que des douceurs,
L'Amour est le tyran des ames.

IPHIS.
Il me causeroit moins d'effroy.

IANTE.
Vous le justifiez, Iphise, quel langage !
Helas ! vôtre amitié s'affoiblit, je le voy ;
Ce cœur que je crois tout à moy
Pourroit donc souffrir un partage.

IPHIS.
Non, je jure de fuir tous les engagemens
Qui pourroient traverser le nôtre.

IANTE.
Nos cœurs suffisent l'un à l'autre,
Et j'espere échaper aux pieges des Amans.

IPHIS.
Des défauts des Amans soyez juge sévére,
Ne reservez qu'à moy vos regards précieux,
Il n'est point de Mortel empressé pour vous plaire,
Qui peignît comme moy le pouvoir de vos yeux.

Pour vous seule mon cœur soupire,
Vos volontez font ma suprême loy ;
Sans vous, tout l'Univers est un desert pour moy,
C'est vous qui m'animez, & par vous je respire.
Un geste, un regard de vos yeux
Fait mon bonheur, ou mon martire :
Exercer sur les cœurs un si puissant empire,
C'est tenir la place des Dieux.

IANTE.

Ciel ! de quel trouble suis-je atteinte !
Helas ! quelle seroit ma crainte
Si quelque Amant s'expliquoit comme vous !

IPHIS.

Ah ! si vous m'entendiez, que mon sort seroit doux !

IANTE, à part.

Quel discours ! étouffons un soupçon qui m'offense.

IPHIS.

Iante, écoutez-moy.

IANTE.

Non ; la fête commence,
Laissez-moy profiter des leçons que ce jour
Va me donner contre l'Amour.

SCENE III.

IPHIS, IANTE, BEROE', ARGIENNES.

CHOEUR.

TRompettes éclatez, Organes de la Gloire,
Du plus beau de nos jours consacrez la memoire.

UNE ARGIENNE.

Argos & nos Epoux doivent leur sureté
Aux efforts de nôtre courage,
Ce devoit être le gage
De nôtre felicité :
Sous leurs loix nôtre vie est un long esclavage :
Un seul jour interromt nôtre captivité ;
D'un jour si beau faisons usage,
Retraçons-nous l'image
De nôtre liberté.

L'ARGIENNE.

Amans, souffrez nos caprices,
Nous n'en avons pas assez ;
Endurez nos injustices,
Souffrez, pleurez, gemissez.

Dès que l'Hymen à ses chaînes
A sçu nous assujettir,
Vous nous rendez bien les peines
Que vous pouvez ressentir.

L'ARGIENNE.

Dieu puiſſant par nôtre foibleſſe,
Hymen, qui colores ſans ceſſe
Du pompeux nom de Loix, tes caprices divers;
De nos plaiſirs tyran ſevere,
Porte à ton tour des fers,
De nos fers trop peſans image trop legere.

Endure malgré toy, nos Plaiſirs & nos Jeux;
C'eſt du moins nous vanger de ton joug rigoureux.

L'ARGIENNE,
ET LES CHOEURS.

Nos Epoux effeminez,
Ont ſaiſi nôtre partage :
Ils parlent nôtre langage,
Plus que nous ils ſont ornez.

Dans une molle indolence
On les voit envelopez :
Sans égards, ſans complaiſance,
D'eux ſeuls ils ſont occupez.

Nos Tyrans nous aviliſſent
Par leur vaine autorité,
L'empire, dont ils jouiſſent,
Peſe à leur oiſiveté.

L'ARGIENNE.

Allons ſur ces Remparts ſauvez par nos efforts,
Faiſons tout retentir de nos bruyans tranſports.

CHOEUR.

Trompettes éclatez, Organes de la Gloire,
Du plus beau de nos jours conſacrez la memoire.

SCENE IV.

IANTE, BEROÉ, IPHIS, à l'écart.

BEROÉ.

Votre ame indifferente,
Vos yeux diſtraits ſemblent blâmer ces Jeux.

IANTE.

On y brave l'Hymen, on inſulte à ſes nœuds;
Je devrois m'aplaudir de m'en trouver exemte:
Mais un trouble inconnu malgré-moy me tourmente.
Dieu puiſſant qu'en ces lieux on ſe plait d'outrager,
Eſt-ce donc ſur mon cœur que tu veux te vanger?

IPHIS.

L'Hymen n'eſt point un eſclavage,
C'eſt l'Amour toûjours renaiſſant:

Entre deux cœurs unis l'empire ſe partage,
C'eſt le bonheur de l'un que l'autre aime & reſſent.

L'Hymen, &c.

IANTE.

IANTE.

Mais toutes ces Beautez n'expriment que ses peines.

IPHIS.

L'amour n'a pas formé leurs chaînes.
Il est un tendre Amant qu'il destine pour vous :
Que sa felicité, que la vôtre vous touche ;
Il vous suit en tous lieux, il parle par ma bouche,
Il meurt d'amour à vos genoux.

IANTE.

Que vois-je ! ô Ciel ! quelle surprise !
C'est un Amant qui me cachoit Iphise.

IPHIS.

Pardonnez ma témerité
A l'excez de ma tendresse :
Pour vous fléchir, employer tant d'adresse,
C'est honorer vôtre fierté.

IANTE.

Ah ! Perfide, à mes yeux garde-toy de parêtre.

IPHIS.

Vous commencez à me haïr
En commençant à me connêtre.

IANTE.

A te haïr !... J'y parviendray peut-être ;
Je forceray mon cœur à m'obéir.

E,

I P H I S.

Ne le démentez pas, s'il parle pour ma flâme :
N'est-ce pas assez de rigueurs ?

I A N T E.

Cruel, vous lisez dans mon âme,
Mon funeste secret s'échape avec mes pleurs.

E N S E M B L E.

Regne, charmant Amour, joui de ta victoire :
Non, tu n'as plus besoin de nous voiler tes traits :
Nous étions destinez à gouter tes bienfaits,
Nôtre aveu manquoit à ta gloire.

LES ARGIENS ET LES ARGIENNES paroissent.

I A N T E.

Beautez qui redoutiez & l'amour & ses nœuds,
Que nôtre exemple vous éclaire :
Amans épris d'une flâme sincere,
Venez, imitez-nous, & devenez heureux.

I P H I S.

Arrachons à l'Hymen des fers injurieux,
De fleurs couronnons son image :
De deux cœurs satisfaits le bonheur & l'hommage
Reparent les affronts qu'il reçoit en ces lieux.

C H OE U R.

Regnez Hymen, regnez, étendez vôtre chaîne,
De vos traits laissez-nous le choix ;
Vous n'avez que de douces loix
Pour les tendres Sujets que l'Amour vous amene.

FIN DE LA DEUXIÉME ENTRÉE.

TROISIÉME ENTRÉE.

PHILEMON, ET BAUCIS.

SUJET.

PHILEMON, & BAUCIS femblent faits pour caracterifer l'innocence & LA TENDRESSE PASTORALE. Ils font époux dans la Fable, on en fait ici de jeunes Amants dont la fidelité eft éprouvée, & couronnée par les Dieux. L'hofpitalité qu'ils donnent à Jupiter, fans le connoître, le prodige du vin qui fe multiplie fous leurs mains; le changement de leur Cabane en un Palais dont ils font un Temple, font des traits, copiez d'OVIDE, *Liv.* 8. *Metam.*

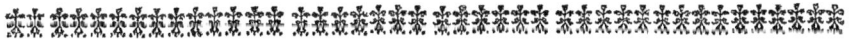

ACTEURS.

PHILEMON, *Berger*,   Mr Jelyote.

  BAUCIS, *Bergere*,   Mlle Pellicier.

JUPITER, *fous l'habit d'un Prince*, Mr Chaſſé.

MERCURE, *auſſi déguiſé*,   Mr Tribou.

CHOEUR *de Bergers & de Bergeres*.

PERSONNAGES DANSANTS.

TROUPE DE BERGERS ET DE BERGERES.

BERGERES.

Mademoiſelle Sallé ;

Meſdemoiſelles Fremicourt, Dallemand-L., Le Duc,

Dallemand-C., Courcelle, Thiery.

BERGERS.

Monſieur D-Dumoulin,

Meſſieurs Malter-L., Hamoche, Theſſier,

Dumay, Dupré.

TROISIÉME ENTRÉE.

PHILEMON, ET BAUCIS.

Le Théâtre repréfente un Hameau borné par un Temple de JUPITER.

SCENE PREMIERE.

JUPITER, MERCURE.

MERCURE.

Es Hameaux écartez, cette retraite obfcure
Cacheront-ils long-tems Jupiter & Mercure?

JUPITER.

Ecoute, & tu feras furpris
Des divers mouvemens dont mon ame eft atteinte.
J'aime Baucis, Baucis fans détour & fans feinte
Me parle d'un Berger dont fon cœur eft épris.

Mes feux par le dépit devroient être gueris ;
Mais l'Ingratte qu'elle est, par ses pleurs, par ses
  charmes,
Enchaîne mon dépit, & m'arrache des larmes ;
Son cœur est un tresor dont je sens tout le prix.

Que faire dans ce trouble extrême ?
Je desire sans cesse, & crains son entretien ;
Et cent fois j'ay pensé moy-même
Préferer son bonheur au mien.

MERCURE.

Mais, quel parti vôtre cœur veut-il prendre ?

JUPITER.

Tu vois d'ici mon Temple, où Baucis va se rendre.
C'est Jupiter qu'elle doit implorer :
L'Amant gemit des vœux que le Dieu doit entendre.
Demeure, je vais préparer
Un moyen d'ébranler son ame,
Profite de son trouble en faveur de ma flâme.

✳✳✳

SCENE II.

BAUCIS, BERGERES, portant des
Corbeilles de fruits, & des Vases pour les Libations.

CHOEUR.

CHantons, unissons-nous,
De Jupiter célébrons les conquêtes :
Que ses tendres ardeurs soient l'objet de nos fêtes ;
Il aime un souvenir si doux

BAUCIS.

Maître des Dieux, appuy de l'innocence,
Ecoutez mes gemiſſements.
Un fidelle Berger a reçû mes ſerments;
Nos Parents avec violence
Veulent briſer des liens ſi charmants:
Grand Dieu, changez leurs cœurs; jamais vôtre
puiſſance
N'aura favoriſé de plus tendres Amants.

Maître des Dieux, &c.

CHŒUR.

Tendre Baucis, reprenez l'eſperance;
Puiſſe le Ciel terminer vos tourments!

BAUCIS.

Venez mes Compagnes fidelles,
Portons à Jupiter nos offrandes nouvelles.

❋❋❋❋❋❋❋❋❋❋❋❋❋❋❋❋❋❋❋❋❋❋❋❋❋❋❋❋❋❋❋❋

SCENE III.

MERCURE.

LE Souverain des Dieux tonne ſur ces Autels,
Et la crainte & l'eſpoir y menent les Mortels:
Il les fait tous trembler; mais il tremble luy-même
Près d'une Bergere qu'il aime.
Amour, quels ſont tes Jeux cruels!

SCENE IV.

BAUCIS, MERCURE.

BAUCIS, *sortant du Temple.*

Où suis-je ? qu'ay-je vû ? Ciel ! quels heureux
auspices !

O Vous, dont l'amitié s'interesse à mes vœux,
Aprenez à quel point les Dieux me sont propices.

Cette main sur l'Autel du Souverain des Dieux
De nos treilles à peine épanchoit les prémices ;
Un prodige a frappé mes yeux :
Le Vase inépuisable
Me rend des Flots toûjours nouveaux ;
Je vois couler le torrent délectable
D'un nectar, que n'ont point enfanté nos côteaux.

MERCURE.

De cet évenement qu'esperez-vous, Bergere ?

BAUCIS.

D'obtenir l'Objet de mes feux.

MERCURE.

Ce miracle, Baucis, couvre un autre mistere ;
Je lis dans les secrets des Cieux,

BAUCIS.

Eh ! quels sont ces secrets ?

MERCURE.

Je crains de vous déplaire.

BAUCIS.

Ah ! contentez mes desirs curieux.

MERCURE.

MERCURE.

A Philemon je crois le Ciel contraire ;
Je doute que l'Hymen le range sous vos loix.

BAUCIS.

Helas ! a t-il du Ciel attiré la colere ?

MERCURE.

Le Ciel s'oppose à vôtre choix :
Déja par vos Parents vôtre hymen se differe.

BAUCIS.

Mais eux-même à nos vœux consentoient autrefois.

MERCURE.

Faut-il ne vous rien taire ?

Ce Nectar plus délicieux
Que celui que vos mains avoient offert aux Dieux,
Ce changement subit que leur puissance opere,
Est un Oracle qui m'éclaire,
Qui m'annonce pour vous un sort plus glorieux.

BAUCIS.

Je n'ay point d'autre choix à faire,
Et vous expliquez mal les volontez des Cieux.

SCENE V.
JUPITER, BAUCIS, MERCURE.

JUPITER.

Ne craignez point de les entendre :
Le Ciel parle pour moi, ne le démentez pas.
Pour vous du plus haut rang je me plais à descendre ;
C'est moi seul que le Ciel destine à vos appas,
Et je dois obtenir le retour le plus tendre.

F

BAUCIS.

Seigneur, vous le fçavez, mon cœur n'eft plus à moi;
Philemon eft l'objet de ma flâme éternelle.

JUPITER.

L'Hymen ne vous a point affervie à fa loi.

BAUCIS.

Au tendre Philemon je veux être fidelle:
    C'eft pour lui feul que mon cœur fût formé ;
Et fi je ne l'aimois, je n'aurois rien aimé.

    Ces Bois, ces Vallons, ces Fontaines
Ont vu naître avec nous de fi pures ardeurs:
    S'il eft quelque obftacle à nos chaînes,
    Nos feux redoublent par nos peines,
Et même je me plais à lui donner des pleurs.

JUPITER.

Non, vôtre cœur vous trompe, & Philemon lui-même
S'il vous aime Baucis, comme il faut que l'on aime,
Sacrifiera fans peine un interêt jaloux
A l'éclat, que mes feux vont répandre fur vous.

BAUCIS.

Helas! il en mourroit.

JUPITER.

        Craignez moins pour fa vie
Je prends fur moi le foin de fon bonheur.

BAUCIS.

    O Ciel! que Philemon m'oublie,
    Que Philemon renonce à tant d'ardeur !
Philemon trahiroit le ferment qui nous lie !

JUPITER.

Au deſtin d'un Berger je veux vous arracher.

BAUCIS.

Quoi, nos pleurs, nos ſermens, rien ne peut vous toucher¡
Vos grandeurs vous offrent ſans ceſſe
De quoi choiſir mille Objets pleins d'appas :
Mon Berger n'a que moy, ne lui raviſſez pas
Le ſeul bien que le Ciel lui laiſſe.

Vous ne répondez rien : quels regards de courroux !

JUPITER.

Si vous voulez ſauver mon Rival de mes coups,
Il ne doit ſouhaiter que vôtre indifference :
Je me reprocherois peut-être ma vangeance,
Et ce ſeroit trop tard pour vous.

A MERCURE.

Vien, ſui mes pas, je ſouffre autant que je l'offence.

BAUCIS.

Ciel ! il fuit : quels malheurs vont éclater ſur nous !
Malheureux Philemon, que vais-je vous apprendre ?

SCENE VI.

PHILEMON, BAUCIS.

PHILEMON.

*T*Out ſuccede à nos vœux, nos Parents réunis...

BAUCIS.

Ah ! leurs projets ſont vains : je tremble, je frémis...
Je ne vois que le Ciel qui puiſſe vous défendre
Contre vos nouveaux ennemis.

PHILEMON.

De qui puis-je attirer ou la haine ou l'envie ?

BAUCIS.

Ce perfide Etranger accueilly dans ces lieux...

PHILEMON.

Luy ! que me dites-vous ? grands Dieux !

BAUCIS.

Il est vôtre rival, redoutez sa furie,
C'est quelque Roy puissant voisin de ces climats,
Ses menaces ici me causent trop d'allarmes.
Ah ! je crois voir déja ses barbares soldats
  Malgré mes cris & mes larmes,
  Vous fraper entre mes bras :
Ah ! Cruels, sur mon cœur venez tourner vos armes.

MERCURE en traversant le Théâtre, touche PHILEMON de son Caducé.

PHILEMON.

Rassurez-vous, un Dieu paroît, il fend les airs,
  D'heureux secours nous sont offerts ;
Mais quel nuage épais vient couvrir ma paupiere ?
  Je ne vois plus la celeste lumiere :
Ce sommeil seroit-il une faveur des Dieux ?
  Non, qu'il est cruel, ma Bergere,
  Puisqu'il vous dérobe à mes yeux.

SCENE VII.

JUPITER, BAUCIS, PHILEMON endormi.

BAUCIS.

Barbare, qu'as-tu fait ? par quel enchantement
  Contre des jours si chers, armes-tu l'Enfer même ?
Acheve ton ouvrage, ose dans ce moment,
Par haine ou par pitié, me joindre à ce que j'aime.

JUPITER.

Vivez Baucis, calmez ces transports furieux,
Ce Palais descendu des Cieux
D'un enchanteur est-il l'ouvrage,
Ou le favorable présage
D'un sort qui vous égale aux Dieux.

BAUCIS.

Rendez-moy mon Berger, rendez-moy ma retraite,
La douce obscurité dont j'étois satisfaite.

Sans vous, helas! sans vous nos jours couloient en paix,
Nous allions être unis, mes funestes attraits
Coûtent la vie à l'Amant que j'adore;
Si vous me refusez une mort que j'implore,
Je me frappe à vos yeux, & je vais, malgré vous,
Eterniser des nœuds dont vous êtes jaloux...
Rendez-moy mon Berger...

JUPITER.

Vôtre vertu, vos charmes,
Tour à tour me donnent des Loix.
L'Amour à vos appas me fit rendre les armes,
Il immole aujourd'huy mon bonheur à vos larmes:
Du cœur de Jupiter vous triomphez deux fois.

BAUCIS.

Je respire après tant d'allarmes.
Par quels vœux, quel encens, expier mon erreur
Maître des Dieux, lisez mon trouble dans mon cœur.

Elle se jette aux pieds de JUPITER.

PHILEMON, en s'éveillant.

Que vois-je, ô Ciel! le puis-je croire?
Baucis aux pieds de mon Rival!

JUPITER.

Je renonce à ce nom fatal.

Heureux Mortel, un Dieu te céde la victoire.
Venez Bergers, soyez les témoins de sa gloire.

Les BERGERS & les BERGERES paroiffent.

Tendres Amants, goutez vôtre bonheur,
*   Les doux plaisirs de vos pleurs vont éclore:*
Bergers, qui célébrez une si belle ardeur,
Puissiez-vous par vos chants la redoubler encore.

PHILEMON, ET BAUCIS.

Grand Dieu, de ce Palais daignez faire le vôtre:
De ce Temple nouveau, Ministres glorieux
A vous offrir l'encens nous veillerons tous deux;
Qu'il n'en soit point pour vous de plus doux que le nôtre,
Qu'après des jours passez dans ces soins précieux,
*   Un même instant ferme nos yeux*
Sans nous couter de larmes l'un à l'autre.

CHŒUR.

*   Grandeur brillante,*
*   De vos charmes trompeurs*
*   Occupez d'autres cœurs.*

*   Ardeur constante,*
*   Tendres empreffemens,*
*   Soins toûjours renaiffans,*
*   Remplissez nos momens.*

*   Amans fidelles,*
*   Que vos flâmes font belles!*
*   N'aimez qu'une fois;*
*   Heureux par vôtre choix,*
*   Les plaisirs font vos loix.*

A nos chants, Echos, répondez-tous,
*   L'Amour garde pour nous*
*   Ses traits les plus doux.*

PHILEMON, ET BAUCIS.

BAUCIS. *Quel bonheur!*
Nôtre amour est vainqueur.

PHILEM. *C'est trop peu que d'un cœur*
Pour sentir tant d'ardeur.

BAUCIS. *Vous m'aimez, est-il un sort plus doux!*

ENSEMB. {*Un jour plus pur va se lever pour nous.*

BAUCIS. *Jure moy Berger,*

PHILEM. {*De ne point changer.*
{*Ne crain point ce danger,*

Nos maux sont finis:

BAUCIS. {*Goutons-en le* } *prix.*
{*Ils sont chers à ce* }

PHILEM. *Doux momens,*

BAUCIS. {*Nœuds charmans,*

PHILEM. {*Enchantez tous nos sens.*

ENSEMB. {*Vous vangez nos tourmens.*

BAUCIS. {*Dieu d'amour, épuise tous tes traits.*

ENSEMB. {*C'est sur nos cœurs épuiser tes bienfaits.*

CHOEUR.

Grandeur brillante, &c.

FIN.

APROBATION.

J'Ay lû par Ordre de Monseigneur le Chancelier, un Manuscrit qui a pour Titre, *Le Ballet de la Paix*, les Sujets tirez d'Ovide, seront trouvez je crois, heureusement traitez. A Paris ce treiziéme May 1738 LA SERRRE.

PRIVILEGE DU ROY.

LOUIS par la grace de Dieu, Roy de France & de Navarre: A nos amez & feaux Confeillers, les Gens tenans nos Cours de Parlement, Maîtres des Requêtes ordinaires de nôtre Hôtel, Grand Confeil, Prevôt de Paris, Baillifs, Sénéchaux, leurs Lieutenans-Civils, & autres nos Jufticiers qu'il appartiendra, Salut. Nôtre cher & bien amé le Sieur LOUIS-ARMAND EUGENE DE THURET, cy-devant Capitaine au Regiment de Picardie; Nous a fait reprefenter que, par Arreft de nôtre Confeil du 30. May 1733. Nous avons revoqué le Privilege qui avoit été accordé au Sieur le Comte & fes Affociez, pour raifon de l'Academie Royale de Mufique, fes circonftances & dépendances, & rétabli ledit Privilege en faveur dudit Sieur Expofant, pour en joüir par luy, fes Affociez, Ceffionnaires & Ayans-caufe aux charges & conditions portées par ledit Arreft, pendant le temps & efpace de vingt-neuf années, à compter du premier Avril de ladite année 1733. & que pour l'exploitation dudit Privilege, ledit Sieur Expofant fe trouve obligé de faire imprimer & graver les Paroles & la Mufique des Opera qui doivent être reprefentez; mais que pour cet effet il a befoin de nôtre permiffion & des Lettres qu'il Nous a tres-humblement fait fupplier de luy accorder. A CES CAUSES, voulant favorablement traiter ledit Expofant: Nous luy avons permis & permettons par ces Prefentes de faire imprimer & graver *les Paroles & Mufique des Opera, Ballets & Fêtes qui ont été ou qui feront reprefentez par l'Academie Royale de Mufique, tant féparément que conjointement* en tels Volumes forme, marge, caractere, & autant de fois que bon luy femblera, & de les faire vendre & débiter par tout nôtre Royaume, pendant le temps de vingt-neuf années confecutives, à compter du jour de la datte defdites Prefentes. Faifons défenfes à toutes perfonnes, de quelque qualité & condition qu'elles foient d'en introduire d'Impreffion ou Gravûre Etrangere dans aucun lieu de nôtre obéïffance : Comme auffi à tous Imprimeurs, Libraires, Graveurs, Imprimeurs, Marchands en Taille-Douce, & autres de graver, ny faire graver, imprimer, ou faire imprimer, vendre, faire vendre, débiter ny contrefaire lefdites Impreffions, Planches & Figures de Paroles, de Mufique des Opera, Ballets & Fêtes, qui ont été ou qui feront reprefentez par ladite Academie Royale de Mufique, tant feparément que conjointement en tout ny en partie, fans la permiffion expreffe & par écrit dudit Sieur Expofant, ou de ceux qui auront droit de luy; à peine de confifcation, tant des Planches & Figures, que des Exemplaires contrefaits & des Uftanciles qui auront fervy à ladite contrefaçon, que Nous entendons être faifis en quelque lieu qu'ils foient trouvez; de dix mille livres d'amende contre chacun des Contrevenans, dont un tiers à Nous, un tiers à l'Hôtel-Dieu de Paris, l'autre tiers audit Sieur Expofant, & de tous dépens, dommages & interefts, à la charge que ces Prefentes feront enregiftrées tout au long fur le Regiftre de la Communauté des Libraires & Imprimeurs de Paris, dans trois Mois de la datte d'icelles; Que la Gravûre & Impreffion defdites Paroles & Opera fera faite dans nôtre Royaume & non ailleurs, en bon papier & beaux caracteres, conformément aux Reglemens de la Librairie, & notamment à celui du dix Avril 1725. & qu'avant que de les expofer en vente, les Manuferits gravez ou imprimez feront remis dans le même état où les Aprobations auront été donnée ès mains de nôtre tres-cher & feal Chevalier Garde des Sceaux de France le Sieur Chauvelin; & qu'il en fera enfuite remis deux Exemplaires de chacun dans nôtre Bibliotheque publique, un dans celle de nôtre Château du Louvre, & un dans celle de nôtre tres-cher & feal Chevalier Garde des Sceaux de France, le Sieur Chauvelin; Le tout à peine de nullité des Prefentes; Du contenu defquelles Vous mandons & enjoignons de faire joüir ledit Sieur Expofant, ou fes Ayants-caufe, pleinement & paifiblement fans fouffrir qu'il leur foit fait aucun trouble ou empefchement. Voulons que la Copie defdites prefentes, qui fera imprimée tout au long au commencement ou à la fin defdites Paroles ou Opera, foit tenuë pour dûement fignifiée; & qu'aux Copies collationnées par l'un de nos amez & feaux Confeillers & Secretaires, foy foit ajoûtée comme à l'Original. Commandons au premier nôtre Huiffier ou Sergent, de faire pour l'execution d'icelles tous Actes requis & neceffaires, fans demander autre permiffion, & nonobftant Clameur de Haro, Chartre Normande & Lettres à ce contraires. CAR tel eft nôtre plaifir. DONNE' à Fontainebleau le douziéme jour de Novembre, l'An de Grace mil fept cent trente-quatre, & de nôtre Regne le vingtiéme; *Et plus bas*, Par le Roy en fon Confeil. *Signé* SAINSON, avec paraphe.

J'ay cedé à M. BALLARD le prefent Privilege, fuivant le Traité fait avec luy le premier Septembre 1730. A Paris ce 23. Novembre 1734. DE THURET.

Regiftré enfemble la Ceffion fur le Regiftre VIII. de la Chambre Royale des Libraires & Imprimeurs de Paris. N. 797. fol. 779. conformément aux anciens Reglemens confirmez par celuy du 28. Fevrier 1723. A Paris le 23. Novembre 1734. G. MARTIN, Syndic.